健康的な生活習慣は“心”を

JN121497

1 睡眠をきちんととる

2 朝食を毎日とる

3 間食をとりすぎない

4 適正な体重を維持する

5 定期的に運動をする

6 タバコを吸わない

7 お酒を飲みすぎない

メンタルヘルスでも健康的なライフスタイルが基本！

見直そう！
心とからだの健康に欠かせない「 睡 眠 」

　睡眠は、人間が生きていくために必要不可欠なものです。睡眠には「脳と身体の休養」「疲労回復」「身体の成長」「免疫機能向上」「記憶の固定＝学習」などの役割があります。睡眠不足は疲労感をもたらし、情緒を不安定にし、また、判断力や集中力が低下し、ミスや事故を招きます。

体内時計は25時間

　人間の生体リズムは、25時間です。毎日1時間のズレが生じてきますが、それをリセットしてくれるボタンが、朝に浴びる太陽の光です。体内時計を調整する脳神経は、目からの光の信号を受け、自律神経機能に働きかけて活動開始のスイッチを入れます。

　交替勤務で、起床時間が不規則になったり、夜勤で毎日起きる時間が夕方になる場合には、太陽の光、もしくはそれに相当する3,000ルクス程度（例：コンビニの店内）の光を浴びることで、体内時計をリセットすることができます。

心地よい眠りを手にいれる 睡眠習慣

1 朝起きたら、朝日を浴びる

2 就寝前はカフェイン
の摂取、喫煙を避け、
リラックスタイムを
持つ

3 寝室環境を整える

4 睡眠時間に
こだわらず、
睡眠の質を高める

睡眠をさまたげるもの

- **寝酒**（アルコール）は一時的に眠りを誘いますが、3 ～ 4 時間で目が覚めてしまい、眠りが浅くなります。このように眠りの質が悪くなるにもかかわらず、眠ろうとするために、どんどん酒量が増え、アルコール依存症のリスクも高めます。

- **タバコ**に含まれる「ニコチン」や**コーヒー**や**お茶**などに含まれる「カフェイン」にも、覚醒効果があるので要注意です。常用すると、眠気を自覚しにくくなります。

- **携帯・パソコン**を寝る前に操作すると、画面の明るさにより脳を刺激し、眠りにくくさせてしまいす。

どうしても眠れないときは、睡眠専門病院・医師に相談しましょう。

実行しよう！
手軽な癒しとリラックス法

疲れを癒す 入浴方法

1 半身浴

体温より少し高めの湯に胸から下の部分を
ゆっくりつかり、心とからだをリラックスさせ
ましょう。20分くらいの入浴が目安です。

2 足浴（足湯）

足が冷えきって眠れないときや、入浴できな
いときなどに、足を温める足浴だけでも安眠効
果があります。深めの洗面器やバケツに40〜
42℃の少し熱めのお湯をはり、くるぶしあた
りまでお湯の中に10分くらい浸します。

3 シャワーでツボマッサージ

シャワーの水圧は、広範囲にツボを刺激し、
マッサージができます。気持ちの良い水圧で、温
度は少し熱く感じる程度がおすすめです。

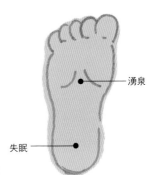

湧泉

失眠

安眠点

眠りをよくするツボ

安眠点

耳たぶのうしろの骨沿い。緊張感がほぐ
れ、自律神経のバランスもよくなります。

湧泉・失眠

入眠作用に効果的なツボです。

心とからだをほぐす ストレッチ

1 入眠前のストレッチ体操のポイント

- 眠りにつく前に、ゆっくりと筋肉を気持ちよい程度に伸ばしましょう
- 筋肉を伸ばすときは、大きく息を吐きながら気持ちをリラックスさせましょう
- 10分程度を目安に行いましょう
- 10〜20秒伸ばすことを、2回くり返しましょう

① 肩・背中・腰を伸ばす

③ 太ももの裏側・お尻を伸ばす

② 太ももの前面を伸ばす

④ 腰・お尻太ももの側面を伸ばす

2 腹式呼吸で心を落ち着かせよう

　吸うときの倍くらいの時間をかける
つもりでゆっくりと意識しながら吐く
のがポイントです。

食生活 を見直そう

朝食は、健康な心身をつくる第一歩

　眠りから覚めた朝のからだはエネルギー切れの状態です。栄養素の中でも糖質は、体内に貯めておく量が限られ、特に不足しています。一番大きな問題は、脳が糖をエネルギーとして使うことです。朝食抜きで仕事を始めると、脳がエネルギー不足となり、集中力が落ちて業務上のミスや事故を引き起こすことにもなりかねません。

朝食を食べる工夫

　朝食を食べる時間がない人は、今より10分早く寝てみましょう。そして10分早起きすると、簡単な朝食をとることができます。パンや果物などすぐに食べられるものを用意しておくとよいでしょう。

　長年食べていない人は、スープや果物などから始めて慣らしていきましょう。

バランスよく
楽しく食べて、
心もからだも健康に！

単品より定食を

　カレーやそばやうどん、丼物などの1皿料理より、定食や幕の内弁当のような、白いご飯におかずがつく献立を選びましょう。

回転食にしましょう

　いつも同じ食事にならないように注意しましょう。色々な栄養素がとれるように、食べるお店やメニューを5パターン以上は決めておき、順番に食べるとよいでしょう。1日の中で、2回同じ料理を食べないようにしましょう。

野菜をとるよう心がける

　からだの調子をととのえるために、野菜からのビタミン類の補給は欠かせません。視力の維持や、目の疲れをとる効果もあります。特に外食が多くなると、野菜が不足しやすくなります。毎食、野菜をとるのが理想ですが、難しい場合は1日1回は野菜をたっぷり食べるようにしましょう。

夕食は高カロリーにならないように注意しましょう

　特に夜8時以降の遅い時間に食べる食事は、体脂肪として蓄積されやすくなります。低カロリーの食事を心がけましょう。

お酒と上手につきあう

1日の適量を守る

　適量とは、お酒の中に含まれるアルコールがからだに及ぼす「酔い」の程度で考えます。お酒を飲むと、アルコールはからだに吸収され、血液に入ったアルコールは循環されて脳に到達します。すると、アルコールが脳の神経細胞に作用し、活動に必要なエネルギー源を不足させて、脳の働きを抑制し、麻痺させるといわれています。

　お酒は、飲みすぎずに適量ならば、血行をよくしたり、精神をリラックスさせたりと、健康に役立ちます。

翌日にお酒を残さない量の目安

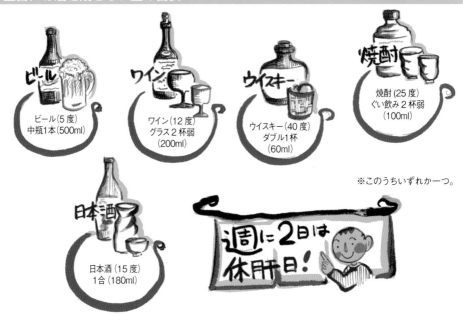

ビール（5度）
中瓶1本（500ml）

ワイン（12度）
グラス2杯弱
（200ml）

ウイスキー（40度）
ダブル1杯
（60ml）

焼酎（25度）
ぐい飲み2杯弱
（100ml）

※このうちいずれか一つ。

日本酒（15度）
1合（180ml）

週に2日は
休肝日！

週2日は休肝日を

　アルコールは、主に睡眠中に肝臓で分解されます。体重70kgの人が6〜8時間の睡眠中に分解できる量は、日本酒だと2合以内です。睡眠時間4時間の人では、日本酒1合以内です。それ以上のお酒を飲んだり、毎日飲酒が続いたり、睡眠時間が短くなったりすると、肝臓はアルコールを分解しきれなくなり、肝機能障害を引き起こす原因となります。

禁煙 で心とからだをリセット！

　喫煙によって、ガンや心臓病などの危険が高くなります。これを機に禁煙をこころみて、健康的なストレス解消法にシフトしましょう。

禁煙したら、いいコトがたくさん！
① 自分の健康のためになる
② 家族の健康のためになる
③ タバコ代が浮いて、お金がたまる
　　（１日２箱の場合、１ヶ月で24,000円！　１年で288,000円！）
④ 食べ物がおいしく感じる
　　（太っても平均２～３kgです。健康になる証拠と考えましょう）
⑤ よく眠れるようになる
⑥ 長年続いた咳が止まる
⑦ 病気になるリスクが減る（ガンからメタボリック症候群まで）
⑧ タバコの不始末による火事が防げる
　　などなど

こまめに動いて、ストレスに 強いからだ をつくろう

ウォーキングのすすめ

　ウォーキングは、生活習慣病になりにくいからだをつくるだけではなく、全身の血流が増加し、脳の働きが活発になります。

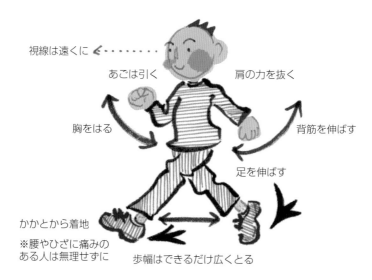

視線は遠くに

あごは引く

肩の力を抜く

胸をはる

背筋を伸ばす

足を伸ばす

かかとから着地
※腰やひざに痛みのある人は無理せずに

歩幅はできるだけ広くとる

日常生活にちょっとした運動を組み込もう

　意識して生活の中で活動量を増やすことが必要です。からだを動かすと気分転換やストレス解消になるほか、脳が活性化して意欲・集中力も向上します。

　また、加齢も運動不足もいずれも、大腿四頭筋、腹筋、上腕筋の筋力が低下する原因になります。日頃からこまめに動くよう心がけ、スクワットなどの筋力アップ運動も組み込みましょう。

ちょこっと運動！

体重 を意識しよう！

　やせられず太ってしまうというのには、何か原因が考えられます。例えば、生活が不規則で深夜の食事が続いている、食べることでストレスを発散させているなどの理由があります。そこで、毎日体重を計測することをおすすめします。

　毎日体重を測ると、「昨夜は食べ過ぎた・飲み過ぎた」など、体重増加の原因に思い当たります。自分の生活習慣と体重増減との関係に気づき「今日はもっと歩いて、食事は野菜中心で」と考えるようになります。このように自己管理できる習慣を身につけるためにも、毎日体重を計測し記録することが大切です。

体重グラフをつける

グラフが右に下がっていることを確認できると、自信がつきます。

簡便な健康指標にBMIがあります。

【BMI＝体重（kg）÷身長（m）÷身長（m）】

　日本では、各種データから男女ともにBMI＝22が健康維持に最もよい値といわれています。

〜18.5「やせ」　18.6〜24.9「適正」　25.0〜「肥満」

したがって、健康維持の目安となる体重は

【標準体重（kg）＝身長（m）×身長（m）×22】となります。

健康習慣を見直したことに加え、
ものの見方や考え方、コミュニケーションのとり方からの
ストレス対処法も考えてみましょう。

気持ちを楽にする「ものの見方や考え方」

日常の出来事に対して否定的であったり、悲観的なものの見方や考え方で、ストレスが生じることが多くあります。合理的で柔軟な考え方に修正することによって、ストレスを回避・軽減することが大切です。

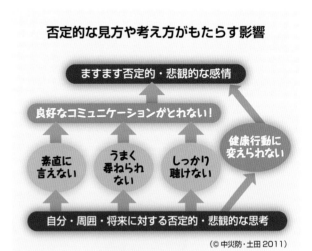

否定的な見方や考え方がもたらす影響

ますます否定的・悲観的な感情

良好なコミュニケーションがとれない！

素直に言えない　うまく尋ねられない　しっかり聴けない　健康行動に変えられない

自分・周囲・将来に対する否定的・悲観的な思考

(© 中災防・土田2011)

良好なコミュニケーション

気持ちよく働いていくためには、普段から仲間とのコミュニケーションを図り、ストレスを高めたり蓄積させたりしないようにすることです。
あなたのコミュニケーション力をチェックしてみましょう。

相手の存在を認める
"プラスの働きかけ"を！

◎ よくできる
○ まあできている
△ あまりできていない

☐ 自分からあいさつする
☐ 名前を呼んで話しかける
☐ うなずいたり笑顔を送る
☐ 相手の良い点をほめる
☐ 感謝の気持ちを伝える
☐ 率直に考えや気持ちを伝える
☐ 問い詰めすぎず上手に尋ねる
☐ 相手の話をちゃんと聴く

(© 中災防・土田2008)

私のストレス対処法をデザインする

　自分の生活をふりかえると、身近なことからストレス状態を改善することができるというヒントが得られるでしょう。

　一人ひとりが自律的に生活習慣を見直しセルフケアを行うことで、良好なメンタルヘルスにつなげられます。
　ポジティブメンタルヘルスをめざして、睡眠、食事、運動の改善などから、あなたの今後の具体的なストレス対処法を３つあげてみましょう。

＊あなたのストレス対処法＊
1.
2.
3.

すぐに実践シリーズ

健康習慣で ストレスに強くなる
～ポジティブメンタルヘルスをめざして～

平成 24 年 1 月 25 日　第 1 版第 1 刷
令和 6 年 1 月 29 日　　　　第 7 刷

編　者　　中央労働災害防止協会
発行者　　平山 剛
発行所　　中央労働災害防止協会
　　　　　〒 108-0023　東京都港区芝浦 3 丁目 1 7 番 1 2 号
　　　　　　　　　　吾妻ビル 9 階
　　　　　TEL〈販売〉03（3452）6401
　　　　　　　〈編集〉03（3452）6209
　　　　　　URL　https://www.jisha.or.jp/
印　刷　　港北メディアサービス（株）
イラスト　丁 絢姫
デザイン　納富 恵子
©JISHA 2012　24083-0107
定価：275 円（本体 250 円＋税 10%）
ISBN978-4-8059-1408-3 C3060 ¥250E

本書の内容は著作権法によって保護されています。
本書の全部または一部を複写（コピー）、複製、転載
すること（電子媒体への加工を含む）を禁じます。

すぐに実践
シリーズ

防ごう！腰痛

中央労働災害防止協会

　腰痛は、症状が重い場合は歩くことにも支障をきたすほど、日常生活に大きな影響を及ぼします。症状が軽い場合でも、痛みの不安から日常行動が制限されたり、不快な毎日を送ることになります。

　職場では、毎年5,000人前後の人に腰痛が発生しています。

　この小冊子では、腰痛の原因とすぐに実践できる予防対策を具体例を挙げながら解説します。腰痛が起きる前に職場でも家庭でも予防策を講じましょう。

目次